PONS

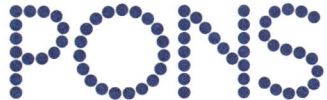

SPANISCH im Handumdrehen

Tien Tammada

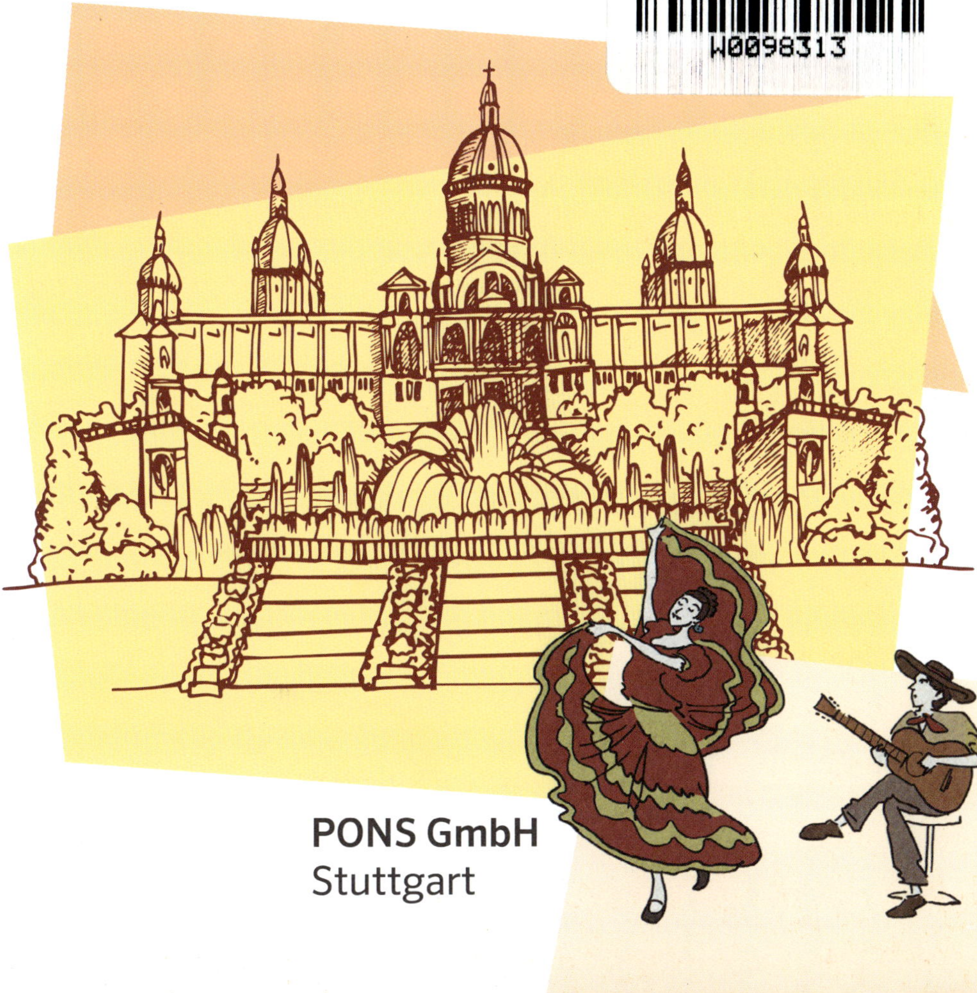

PONS GmbH
Stuttgart

Vorwort

Das Reisen in fremde, ferne Länder ist eine wunderbare, herrliche Sache. Auf einer Liste der schönsten Dinge für alle Menschen, liegt das Reisen vermutlich weltweit auf einem der allerersten Plätze.

Aber vor jeder Reise in die Fremde liegt die Hürde einer neuen Fremdsprache. Vielen Menschen erscheint es als unüberwindbar sich auf das Lernen einer neuen Fremdsprache einzulassen. Dabei ist es nicht so schwer eine neue Sprache zu lernen und so neue Möglichkeiten zu erlangen.

Ganz egal, ob es dein Ziel ist, eine Urlaubswoche im zauberhaften España zu verbringen, ob du gerne mit einem Menschen aus España flirten möchtest oder zum richtigen Zeitpunkt erkennst, dass ein anderer mit dir flirtet (wer weiß, vielleicht verpasst du in solch einem Augenblick gerade die Gelegenheit, deinen Traumprinzen oder deine Prinzessin fürs Leben zu finden) oder ob du einen kompletten Neustart in España planst, warte nicht damit den ersten Schritt auf diesem Weg zu gehen.

Lass dich nicht davon abhalten, deinem Herzenswunsch zu folgen. Wage dich und triff die Entscheidung, dich der spanischen Sprache zu stellen.

Jetzt und sofort!

Sobald du deine Herzensentscheidung getroffen hast Spanisch zu lernen, steht dir dieses Buch für den ersten Schritt zur Seite. Du brauchst nach diesem Entschluss nicht unbedingt sofort einen Sprachkurs zu belegen oder dich um die kompliziert wirkende Grammatik zu kümmern.

Jeder, der schon einmal eine Sprache erlernt hat und diese gut beherrscht, weiß, dass das Wichtigste, der allerschnellste und einfachste Weg, der Sprung ins kalte Wasser ist. Hast du erst einmal angefangen, läuft es wie von alleine.

Bereite dich nicht lange vor und springe, denn probieren geht über studieren.

Dieses Buch, mit seinen passenden Bildern, Illustrationen, Wortzusammenstellungen und wertvollen Sätzen hilft dir dabei. Bei den ersten Sprachhürden kannst du das passende Kapitel aufschlagen. Dort findest du die wichtigsten Sätze und Begriffe dazu.

Wenn es mit deiner Aussprache noch nicht hundertprozentig klappt, dann kannst du mit dem Zeigefinger auf das Bild oder den danebenstehenden Satz tippen und du wirst dich sofort verständlich machen können. So simpel und so schnell ist es, denn dieses Buch heißt:

Spanisch im Handumdrehen.

Inhalt

Vorwort 2

Alltagssätze, Alltagsschätze	6
Am Flughafen	14
Die Unterkunft	20
(Im Schlafzimmer, Im Badezimmer,	
Im Wohnzimmer, In der Küche)	
Ausflüge (In der Stadt und außerhalb)	32
Ausflüge mit dem Zug	34
Ausflüge mit dem Bus und mit der Straßenbahn	40
Auf eigene Faust unterwegs mit dem Auto,	43
Motorrad, Fahrrad und zu Fuß	
Sehenswürdigkeiten	46

Essen	52
Trinken	68
Im Restaurant	76
Einkaufsmöglichkeiten	92
Die Farben	100
Die Zahlen	102

Zeit und Wetter	108
Der Körper und die Gesundheit	122
Notfälle	130
Was sagen uns die Schilder?	136
Gefühlsausbrüche	142
Komplimente und Romantisches	150
Land und Leute	158

Alltagssätze, Alltagsschätze

Frases cotidianas, frases útiles
[ˈfrases kotiˈðianas ˈfrases ˈutiles]

Begrüßung

Saludos [saˈluðos]

¡Buenos días!

[ˈbŭenos ˈdiːas]

Guten Morgen!
Guten Tag!

¡Buenas tardes!

[ˈbŭenas ˈtarðes]

Guten Tag!
Guten Abend!

¡Hola!

[ˈola]

Hallo!

¿Cómo está? / ¿Cómo estás? / ¿Qué tal?
[ˈkomo esˈta / komo esˈtas / ke tal]

Wie geht's?

Estoy bien, gracias.
[esˈtɔɪ bĭen ˈgraθĭas]

Gut, danke.

Sí.	No.
[si]	[no]
Ja.	Nein.

Gracias.	Muchas gracias.	De nada.	Es un placer.
[ˈgraθias]	[ˈmutʃas ˈgraθias]	[de ˈnaða]	[es un plaˈθɛr]
Danke.	Vielen Dank.	Gern geschehen.	Mit Vergnügen.

Me llamo... [me ˈʎamo]	Ich heiße...
¿Cómo se llama? [ˈkomo se ˈʎama]	Wie heißen Sie?
¿Cómo te llamas? [ˈkomo te ˈʎamas]	Wie heißt du?
Mucho gusto. [ˈmutʃo ˈgusto]	Sehr erfreut.
Soy de Alemania. [sɔĭ de aleˈmanĭa]	Ich komme aus Deutschland.
No hablo español. [no ˈaβlo espaˈɲɔl]	Ich spreche kein Spanisch.
Hablo un poco de español. [aˈβlo un ˈpoko de espaˈɲɔl]	Ich spreche ein bisschen Spanisch.
¿Puede hablar más despacio, por favor? [ˈpŭeðe aˈβlar mas desˈpaθĭo pɔr faˈβɔr]	Sprechen Sie bitte langsamer.
¿Cómo se llama eso en español? [ˈkomo se ˈʎama ˈeso en espaˈɲɔl]	Wie heißt das auf Spanisch?

¿Qué significa eso? [ke siɣniˈfika ˈeso]	Was bedeutet das?
¿Qué es eso? [ke es eso]	Was ist das?
¡Perdone! [pɛrˈðɔne]	Verzeihung!
¡Disculpe! [disˈkulpe]	Entschuldigung.
Ningún problema. [niŋˈgun proˈβlema]	Kein Problem.
No hay problema. [no aĭ proˈβlema]	Kein Problem.
Señor... [seˈɲɔr]	Herr..
Señora... [seˈɲɔra]	Frau...

Señorita... [seɲɔˈrita]	Fräulein...
¿Dónde está...? [ˈdɔnde esˈta]	Wo ist...?
Querría... [keˈrria]	Ich hätte gern...
¿Cuánto cuesta? [ˈkŭanto ˈkŭesta]	Wie viel kostet?
bien [bĭen]	gut
muy bien [mŭi bĭen]	sehr gut
Me gusta... [me ˈgusta]	Ich mag...
No me gusta... [no me ˈgusta]	Ich mag ... nicht.

¡Estupendo! [estuˈpendo]	Wunderbar!
¡Qué guay! [ke gŭaĭ]	Hervorragend!
mal [mal]	schlecht
muy mal [mŭi mal]	sehr schlecht
¡Maravilloso! [maraβiˈʎoso]	Super!
mucho [ˈmutʃo]	viel
no mucho [no ˈmutʃo]	wenig
un poco [un ˈpoko]	ein bisschen
Un momento, por favor. [un moˈmento pɔr faˈβɔr]	Einen Moment, bitte.
Un instante, por favor. [un insˈtante pɔr faˈβɔr]	Einen Augenblick, bitte.

¡Hasta mañana! [ˈasta maˈɲana]	Bis Morgen!
¡Adios! [aˈðĭɔs]	Auf Wiedersehen!
¡Hasta la próxima vez! [ˈasta la ˈprɔɣsima beθ]	Bis zum nächsten Mal!
¿Quién? [kĭen]	Wer?
¿Qué? [ke]	Was?
¿Cuándo? [ˈkŭando]	Wann?
¿Por qué? [pɔr ke]	Warum?
¿Cómo? [ˈkomo]	Wie?
¿Dónde? [ˈdɔnde]	Wo?
¿Cuánto? [ˈkŭanto]	Wie viel?

Am Flughafen
En el aeropuerto [en ɛl aeroˈpu̯ɛrto]

el aeropuerto
[ɛl aeroˈpu̯ɛrto]

der Flughafen

¿Dónde está el control de pasaportes?
[ˈdɔnde esˈta ɛl kɔnˈtrɔl de pasaˈpɔrtes]

Wo ist die Passkontrolle?

EL AVIÓN
[ɛl aˈβi̯ɔn]

Perdone, ¿cómo se va al centro de la ciudad?
[pɛrˈðɔne ˈkomo se ba al ˈθentro de la θi̯uˈðað]
Entschuldigung, wie kommt man ins Stadtzentrum?

Perdone, ¿cómo se va a la estación de tren?
[pɛrˈðɔne ˈkomo se ba a la estaˈθi̯ɔn de tren]
Entschuldigung, wie komme ich zum Bahnhof?

[saˈliða] Ausgang

Perdone, ¿dónde está la salida?
[pɛrˈðɔne ˈdɔnde esˈta la saˈliða]
Entschuldigung, wo ist der Ausgang?

Das Flugzeug

¿Dónde está la parada de autobús?
[ˈdɔnde esˈta la paˈraða de aŭtoˈβus]
Wo ist die Bushaltestelle?

¿Dónde está la parada de taxi?
[ˈdɔnde esˈta la paˈraða de ˈtaɣsi]
Wo finde ich den Taxistand?

¿Dónde está la oficina de información turística?
[ˈdɔnde esˈta la ofiˈθina de imfɔrmaˈθïɔn turística]
Wo ist die Touristeninformation?

¿Cómo de lejos está el centro de la ciudad?
[ˈkomo de ˈlɛxos esˈta ɛl ˈθentro de la θïuˈðað]
Wie weit ist es bis zum Stadtzentrum?

¿Conoce un hotel económico?
[koˈnoθɛ un ɔˈtɛl ekoˈnomiko]
Kennen Sie ein preiswertes Hotel?

Por favor, lléveme a esta dirección.
[pɔr faˈβɔr ˈʎeβeme a ˈesta dirɛɣˈθïɔn]
Fahren Sie mich bitte zu dieser Adresse.

el taxi
[ɛl ˈtaɣsi]
das Taxi

¿Cuánto cuesta el viaje?
['kŭanto 'kŭesta ɛl bi'axe]
Was kostet die Fahrt?

¿Puedo pagar con tarjeta de crédito?
['pŭeðo pa'ɣar kɔn tar'xeta de 'kreðito]
Kann ich mit Kreditkarte bezahlen?

¿Podría avisarme cuándo tenga que bajarme?
[po'ðria aβi'sarme 'kŭando 'teŋga ke ba'xarme]
Würden Sie mir bitte sagen, wann ich aussteigen muss?

Muchas gracias por su ayuda.
['mutʃas 'graθĭas pɔr su a'juða]
Vielen Dank für Ihre Hilfe.

el autobús
[ɛl aŭto'βus]

der Bus

el tren
[ɛl tren]
der Zug

el metro
[ɛl ˈmetro]
die U-Bahn

el tranvía
[ɛl tramˈbia]
die Straßenbahn

el TAV (Tren de Alta Velocidad)
[ɛl tren de ˈalta beloθiˈðað]
der Hochgeschwindigkeitszug

el barco
[ɛl ˈbarko]
das Schiff

Die Unterkunft

El alojamiento [ɛl alɔxaˈmi̯ento]

¿Tiene una habitación libre?
[ˈtjene una aβitaˈθi̯ɔn ˈliβre]

Haben Sie ein Zimmer frei?

¿Puedo ver la habitación?
[ˈpŭeðo bɛr la aβitaˈθi̯ɔn]

Könnte ich es mir ansehen?

¿Cuánto cuesta?
[ˈkŭanto ˈkŭesta]

Wie viel kostet das?

¿Está incluido el desayuno?
[esˈta iŋkluˈido ɛl desaˈjuno]

Ist das Frühstück inbegriffen?

He reservado una habitación a nombre de…
[e rrɛsɛrˈβaðo ˈuna aβitaˈθi̯ɔn a ˈnɔmbre de]

Ich habe ein Zimmer auf den Namen… gebucht.

Aquí tiene mi pasaporte.
[aˈki ˈti̯ene mi pasaˈpɔrte]

Hier ist mein Reisepass.

¿Hay wifi en el hotel?
[aĭ ˈŭifi en ɛl ɔˈtɛl]

Gibt es WLAN in Ihrem Haus?

¿Hay una caja fuerte para los efectos personales?
[aĭ ˈuna ˈkaxa ˈfŭɛrte ˈpara lɔs eˈfɛktos pɛrsoˈnales]

Gibt es einen Safe für Wertsachen?

¿Cuándo tengo que dejar la habitación?
[ˈkŭando ˈteŋgo ke dɛˈxar la aβitaˈθĭɔn]

Wann muss ich auschecken?

¿La recepción está abierta las 24 horas?
[la rreθepˈθĭɔn esˈta aˈβĭerta las beĭnti ˈkŭatro ˈoras]

Ist Ihre Rezeption den ganzen Tag geöffnet?

Querría una habitación para...

[keˈrria ˈuna aβitaˈθĭɔn ˈpara]

Ich hätte gern ein Zimmer für...

una persona.

[ˈuna pɛrˈsona]

eine Person.

dos personas.

[dɔs pɛrˈsonas]

zwei Personen.

una familia.
['una fa'milĭa]
eine Familie.

la lámpara de techo
[la ˈlampara de ˈtetʃo]
die Deckenlampe

el piano
[ɛl ˈpi̯ano]
das Klavier

el cuadro
[ɛl ˈku̯aðro]
das Bild

el violín
[ɛl bi̯oˈlin]
die Geige

el teléfono
[ɛl teˈlefono]
das Telefon

el sofá
[ɛl soˈfa]
das Sofa

el mando a distancia
[ɛl ˈmando a disˈtanθi̯a]
die Fernbedienung

el florero
[ɛl floˈrero]
die Vase

la flor
[la flɔr]
die Blume

Ausflüge (in der Stadt und außerhalb)

Excursiones (en la ciudad y fuera) [eskurˈsi̯ɔnes (en la θi̯uˈðað i ˈfu̯era)]

¿Qué lugares interesantes hay por aquí?
[ke luˈɣares intereˈsantes ai por aˈki]

Welche Sehenswürdigkeiten gibt es hier?

¿Dondé puedo probar la comida local?

[ˈdɔnde ˈpu̯eðo proˈβar la koˈmiða loˈkal]

Wo kann ich regionale Spezialitäten probieren?

Ausflüge mit dem Zug
Excursiones en tren
[eskurˈsĭɔnes en tren]

¿Dónde está la estación de tren? — Wo ist der Bahnhof?
[ˈdɔnde esˈta la estaˈθĭɔn de tren]

¿Dónde está la taquilla? — Wo ist der Fahrkartenschalter?
[ˈdɔnde esˈta la taˈkiʎa]

¿Cuánto cuesta el billete? — Wie viel kostet die Fahrkarte?
[ˈkŭanto ˈkŭesta ɛl biˈʎete]

Por favor, un billete de primera clase. — Bitte eine Fahrkarte erster Klasse.
[pɔr faˈβɔr un biˈʎete de priˈmera ˈklase]

Por favor, un billete de segunda clase. — Bitte eine Fahrkarte zweiter Klasse.
[pɔr faˈβɔr un ˈbiˈʎete de seˈɣunda ˈklase]

Un billete de ida, por favor. — Bitte eine einfache Fahrkarte.
[un biˈʎete de ˈiða pɔr faˈβɔr]

Un billete de ida y vuelta, por favor. — Bitte eine Rückfahrkarte.
[un biˈʎete de ˈiða i ˈbŭɛlta pɔr faˈβɔr]

Querría reservar un asiento.
[keˈrria rrɛsɛrˈβar un aˈsi̯ento]

Ich hätte gern einen Sitzplatz reservieren.

¿A qué hora sale el tren?
[a ke ˈora ˈsale ɛl tren]

Wann fährt der Zug ab?

¿Cuántos transbordos tengo que hacer?
[ˈku̯antos transˈβorðos ˈteŋgo ke aˈθɛr]

Wie oft muss ich umsteigen?

¿Cómo se llama la próxima estación?
[ˈkomo se ˈʎama la ˈprɔγsima estaˈθi̯ɔn]

Wie heißt die nächste Haltestelle?

¿Podría avisarme cuándo tenga que bajarme?
[poˈðria aβiˈsarme ˈku̯ando ˈteŋga ke baˈxarme]

Würden Sie mir bitte sagen, wann ich aussteigen muss?

Am Bahnhof

En la estación de tren [en la estaˈθĭɔn de tren]

la estación
[la estaˈθĭɔn]
der Bahnhof

la estación central
[la estaˈθĭɔn θenˈtral]
der Hauptbahnhof

la taquilla
[la taˈkiʎa]
der Fahrkartenschalter

el billete
[ɛl biˈʎete]
die Fahrkarte

los horarios
[los oˈrarĭos]
der Fahrplan

la llegada
[la ʎeˈɣaða]
die Ankunft

la salida
[la saˈliða]
die Abfahrt

el tren
[ɛl tren]
der Zug

el andén
[ɛl anˈden]
der Bahnsteig

el coche cama
[ɛl ˈkotʃe ˈkama]
der Schlafwagen

el tren rápido
[ɛl tren ˈrrapiðo]
der Schnellzug

un billete de primera clase
[un biˈʎete de priˈmera ˈklase]
eine Fahrkarte erster Klasse

un billete de segunda clase
[un ˈbiˈʎete de seˈɣunda ˈklase]
eine Fahrkarte zweiter Klasse

una reserva de asiento
[una rrɛˈsɛrβa de aˈsi̯ento]
eine Sitzplatzreservierung

solo ida
[ˈsolo ˈiða]
einfach

ida y vuelta
[ˈiða i ˈbu̯ɛlta]
hin und zurück

el suplemento
[ɛl supleˈmento]
der Zuschlag

subir al tren
[suˈβir al tren]
einsteigen

bajar del tren
[baˈxar dɛl tren]
aussteigen

hacer transbordo(s)
[aˈθɛr transˈβorðo(s)]
umsteigen

¿A qué hora va a salir el tren / el autobús / el metro /el tranvía?

[a ke ˈora va a saˈlir ɛl tren / ɛl au̯toˈβus /

ɛl ˈmetro / ɛl tramˈbia]

Um wie viel Uhr fährt der Zug / der Bus / die U-Bahn / die Straßenbahn ab?

Quiero ir a...

[ˈki̯ero ir a]

Ich möchte nach... fahren.

Disculpe, ¿puede ayudarme a comprar el billete en la máquina expendedora?

[disˈkulpe ˈpu̯eðe ajuˈðarme a kɔmˈprar el biˈʎete en la ˈmakina espendeˈðora]

Entschuldigen Sie,
könnten Sie mir bitte helfen,
ein Ticket an dem Automaten
zu kaufen?

Ausflüge mit dem Bus und mit der Straßenbahn

Excursiones en autobús y en tranvía
[eskurˈsi̯ɔnes en au̯toˈβus i en tramˈbia]

---

el autobús
[ɛl au̯toˈβus]

der Bus

---

la parada de autobús
[la paˈraða de au̯toˈβus]

die Bushaltestelle

---

el tranvía
[ɛl tramˈbia]

die Straßenbahn

¿Dónde está la parada de tranvía?
[ˈdɔnde esˈta la paˈraða de tramˈbia]
Wo ist die Straßenbahnhaltestelle?

---

la parada de tranvía
[la paˈraða de tramˈbia]

die Straßenbahnhaltestelle

---

el billete
[ɛl biˈʎete]

die Fahrkarte

---

el controlador, la controladora
[ɛl/la kɔntrolaˈðɔr(a)]

der Kontrolleur, die Kontrolleurin

---

la multa
[la ˈmulta]

die Geldstrafe

¿Dónde está...?
[ˈdɔnde esˈta]

Wo ist ...?

¿Dónde está la parada de autobús?
[ˈdɔnde esˈta la paˈraða de aŭtoˈβus]

Wo ist die Bushaltestelle?

el semáforo
[εl seˈmaforo]
die Ampel

la motocicleta
[la motoθiˈkleta]
das Motorrad

la bicicleta
[la biθiˈkleta]
das Fahrrad

el coche
[εl ˈkotʃe]
das Auto

Auf eigene Faust unterwegs mit dem Auto, Motorrad, Fahrrad und zu Fuß

Viajar por su cuenta en coche, motocicleta, bicicleta y a pie
[bĭaˈxar pɔr su ˈkŭenta en ˈkotʃe, motoθiˈkleta, biθiˈkleta i a pĭe]

la calle [la ˈkaʎe]	die Straße
la intersección [la intɛrsɛyˈθĭɔn]	die Kreuzung
el paso de cebra [ɛl ˈpaso de ˈθeβra]	der Zebrastreifen
todo recto [ˈtoðo ˈrrɛkto]	geradeaus
a la derecha [a la deˈretʃa]	rechts
a la izquierda [a la iθˈkĭɛrða]	links
¿Dónde hay una gasolinera? [ˈdɔnde aĭ ˈuna gasoliˈnera]	Wo ist eine Tankstelle?
aquí [aˈki]	hier
allí [aˈʎi]	dort
cerca [ˈθɛrka]	nah
lejos [ˈlɛxos]	weit

Kunst und Freizeitaktivitäten

Arte y actividades de tiempo libre [ˈarte i aktiβiˈðaðes de ˈtjempo ˈliβre]

---

el teatro
[ɛl teˈatro]
das Theater

---

la ópera
[la ˈopera]
das Opernhaus

---

el cine
[ɛl ˈθine]
das Kino

---

la galería de arte
[la galeˈria de ˈarte]
die Kunstgalerie

---

el museo
[ɛl muˈseo]
das Museum

la piscina cubierta
[la pisˈθina kuˈβi̯ɛrta]
das Hallenbad

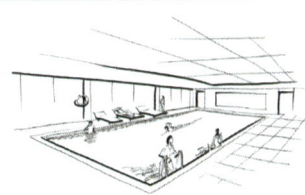

la piscina exterior
[la pisˈθina esteˈri̯ɔr]
das Freibad

la sauna
[la ˈsau̯na]
die Sauna

el parque municipal
[ɛl ˈparke muniθiˈpal]
der Stadtpark

el gimnasio
[ɛl ximˈnasi̯o]
das Fitnessstudio

Sehenswürdigkeiten

Lugares de interés turístico [luˈɣares de inteˈres tuˈristiko]

Barrio Gótico (Barcelona)

[ˈbarrĭo ˈgotiko (barθeˈlona)]

Casa Batlló (Barcelona)

[ˈkasa batʎo (barθeˈlona)]

Sagrada Familia (Barcelona)

[saˈɣraðo faˈmilĭa (barθeˈlona)]

Palacio Real (Madrid)

[paˈlaθĭo rrɛˈal (maˈðrið)]

El Escorial (Madrid)

[ɛl eskoˈrĭal (maˈðrið)]

Parque del Retiro (Madrid)

[ˈparke dɛl rrɛˈtiro (maˈðrið)]

Flamenco (Andalucía)

[flaˈmeŋko (andaluˈθia)]

Encierro de San Fermín (Pamplona)

[enˈθĭɛrro de san fɛrˈmin (pamˈplona)]

Sehenswürdigkeiten

Lugares de interés turístico [luˈɣares de inteˈres tuˈristiko]

Toledo

[toˈleðo]

Palma de Mallorca

[ˈpalma de maˈʎɔrka]

Ciudad de las Artes y las Ciencias (Valencia)

[θĭuˈðað de las ˈartes i las ˈθĭenθĭas (baˈlenθĭa)]

Alcázar (Segovia)

[alˈkaθar (seˈɣoβĭa)]

Alhambra (Granada)

[aˈlambra (graˈnada)]

Cuenca

[ˈkŭeŋka]

Playa de la Concha (San Sebastián)

[ˈplaja de la ˈkontʃa (san seβasˈtĭan)]

Catedral de Sevilla

[kateˈðral de seˈβiʎa]

Essen
- In der Bäckerei   52
- In der Metzgerei   54
- Im Fischgeschäft   56
- Im Gemüseladen   58
- Im Obstgeschäft   64

Trinken
- In der Bar   70
- Im Café   72
- Im Teeladen   74
Im Restaurant   76
Der gedeckte Tisch   78
Die Gewürze   80
Das Frühstück   84
Die Vorspeise   86
Das Hauptgericht   88
Die Süßspeisen   90

Einkaufsmöglichkeiten   92

Die Farben   100

Die Zahlen   102

Bäckerei

Panadería [panaðeˈria]

la barra campesina
[la ˈbarra kampeˈsina]

das rustikale Baguette

la rosca de pan
[la ˈrrɔska de pan]

der Brotkringel

el pan sevillano
[el pan seβiˈʎano]

das Brot aus Sevilla

el pan blanco
[el pan ˈblaŋko]

das Weißbrot

los panecillos
[los paneˈθiʎos]

die Brötchen

el pan multicereal
[el pan multiθereˈal]

das Mehrkornbrot

el pan de picos
[el pan de ˈpikos]

helles Brot, das zu Tapas serviert wird

el cordero
[ɛl kɔrˈðero]
das Lammfleisch

el conejo
[ɛl koˈnɛxo]
das Kaninchen

el pato
[ɛl ˈpato]
die Ente

el pollo
[ɛl ˈpoʎo]
das Hühnerfleisch

la ternera
[la terˈnera]
das Rindfleisch

In der Metzgerei

En la carnicería [en la karniθeˈria]

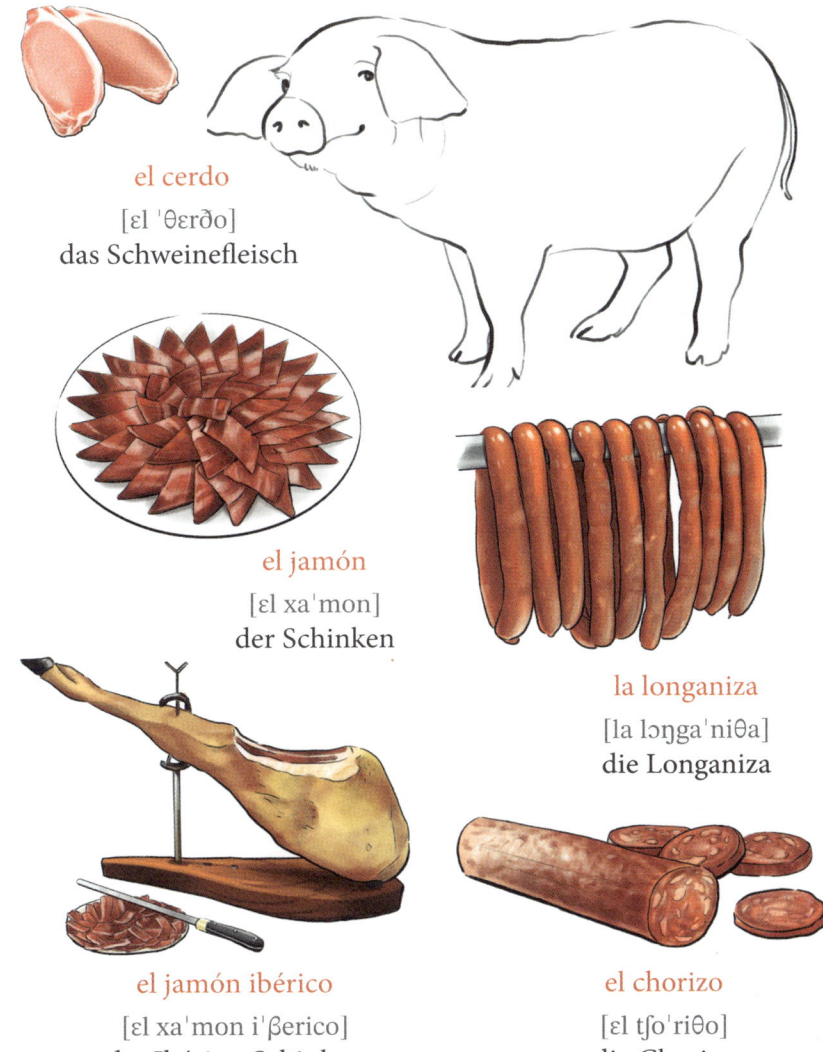

el cerdo
[ɛl ˈθɛrðo]
das Schweinefleisch

el jamón
[ɛl xaˈmon]
der Schinken

la longaniza
[la lɔŋgaˈniθa]
die Longaniza

el jamón ibérico
[ɛl xaˈmon iˈβerico]
der Ibérico-Schinken

el chorizo
[ɛl tʃoˈriθo]
die Chorizo

Im Fischgeschäft

En la pescadería [en la peskaðeˈria]

la trucha
[la ˈtrutʃa]
die Forelle

el pescado
[ɛl pesˈkaðo]
der Fisch

la ostra
[la ˈɔstra]
die Auster

el cangrejo
[ɛl kaŋˈgrɛxo]
der Krebs

la gamba
[la ˈgamba]
die Garnele

el atún
[ɛl aˈtun]
der Thunfisch

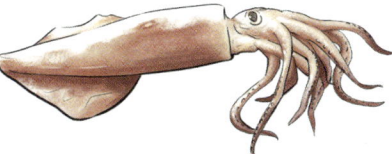

el calamar
[ɛl kalaˈmar]
der Tintenfisch

el salmón
[ɛl salˈmɔn]
der Lachs

el mejillón
[ɛl mɛxiˈʎɔn]
die Miesmuschel

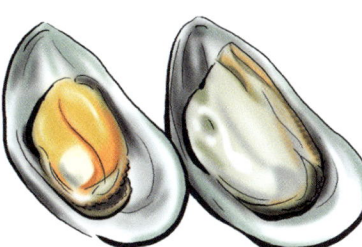

el bacalao
[ɛl bakaˈlao]
der Kabeljau

Im Gemüseladen

En la verdulería [en la bɛrðuleˈria]

1. la berenjena
[la bereŋˈxena] die Aubergine

2. el pepino
[ɛl peˈpino] die Gurke

3. el brécol
[ɛl ˈbrekol] der Brokkoli

4. la alcachofa
[la alkaˈtʃofa] die Artischocke

5. la col china
[la kɔl ˈtʃina] der Chinakohl

6. el guisante
[ɛl giˈsante] die Erbsen

7. la coliflor
[la koliˈflɔr] der Blumenkohl

8. la zanahoria
[la θanaˈorĭa] die Möhre

9. la albahaca
[la alβaˈaka] das Basilikum

1. el jengibre
[εl xeŋˈxiβre] **der Ingwer**

2. la lechuga
[la leˈtʃuɣa] **der Kopfsalat**

3. la calabaza
[la kalaˈβaθa] **der Kürbis**

4. la almendra
[la alˈmendra] **die Mandel**

5. el cacahuete
[εl kakaˈŭete] **die Erdnuss**

6. la avellana
[la aβeˈʎana] **die Haselnuss**

7. el ajo
[εl ˈaxo] **der Knoblauch**

8. la seta
[la ˈseta] **der Pilz**

9. la patata
[la paˈtata] **die Kartoffel**

10. el maíz
[εl maˈiθ] **der Mais**

11. la nuez
[la ˈnŭeθ] **die Walnuss**

1. la remolacha
[la rrɛmoˈlatʃa] die rote Beete

2. el pimiento
[ɛl piˈmjento] die Paprika

3. la cebolla
[la θeˈβoʎa] die Zwiebel

4. el repollo
[ɛl rrɛˈpoʎo] der Weißkohl

5. el repollo morado
[ɛl rrɛˈpoʎo moˈraðo] der Rotkohl

6. el espárrago
[ɛl esˈparraɣo] der Spargel

7. el tomate
[ɛl toˈmate] die Tomate

8. el calabacín
[ɛl kalaβaˈθin] die Zucchini

9. el apio
[ɛl ˈapĭo] der Sellerie

10. la espinaca
[la espiˈnaka] der Spinat

la manzana
[la manˈθana]
der Apfel

la manzana verde
[la manˈθana ˈbɛrðe]
der grüne Apfel

la pera
[la ˈpera]
die Birne

la cereza
[la θeˈreθa]
die Kirsche

la ciruela
[la θiˈrŭela]
die Pflaume

el coco
[ɛl ˈkoko]
die Kokosnuss

la fresa
[la ˈfresa]
die Erdbeere

la piña
[la ˈpiɲa]
die Ananas

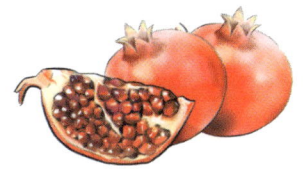

la granada
[la graˈnaða]
der Granatapfel

la zarzamora
[la θarθaˈmora]
die Brombeere

la frambuesa
[la framˈbŭesa]
die Himbeere

Im Obstladen

En la frutería [en la fruteˈria]

el arándano
[ɛl aˈrandano]
die Blaubeere

la grosella negra
[la groˈseʎa ˈneɣra]
die schwarze Johannisbeere

la grosella
[la groˈseʎa]
die rote Johannisbeere

la lima
[la ˈlima]
die Limette

el limón
[ɛl liˈmɔn]
die Zitrone

el aguacate
[ɛl aɣŭaˈkate]
die Avocado

el melocotón
[ɛl melokoˈtɔn]
der Pfirsich

la papaya
[la paˈpaja]
die Papaya

el plátano
[ɛl ˈplatano]
die Banane

el mango
[ɛl ˈmaŋgo]
die Mango

la naranja
[la naˈraŋxa]
die Orange

la mandarina
[la mandaˈrina]
die Mandarine

la sandía
[la sanˈdia]
die Wassermelone

la uva
[la ˈuβa]
die Weintraube

el melón
[ɛl meˈlɔn]
die Melone

el kiwi
[ɛl ˈkiβi]
die Kiwi

Getränke

Bebidas [beˈβiðas]

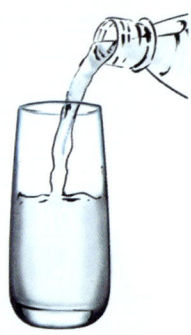

el agua
[ɛl ˈaɣŭa]
das Wasser

el agua con gas
[ɛl ˈaɣŭa kon gas]
das (Mineral)wasser mit Kohlensäure

la piña colada
[la ˈpiɲa koˈlaða]
die Piña Colada

el mojito
[ɛl mɔˈxito]
der Mojito

el agua de Valencia
[ɛl ˈaɣŭa de baˈlenθĭa]
Cocktail mit Orangensaft, Sekt, Gin und Wodka

el zumo de melocotón
[ɛl ˈθumo de melokoˈtɔn]
der Pfirsichsaft

el sol y sombra
[ɛl sɔl i ˈsɔmbra]
Cocktail mit Brandy und Anis

el zumo de manzana
[ɛl ˈθumo de manˈθana]
der Apfelsaft

la sangría
[la sanˈgria]
die Sangria

el zumo de piña
[ɛl ˈθumo de ˈpiɲa]
der Ananassaft

el zumo de naranja
[ɛl ˈθumo de naˈraŋxa]
der Orangensaft

el zumo de uva
[ɛl ˈθumo de ˈuβa]
der Traubensaft

el zumo de tomate
[ɛl ˈθumo de toˈmate]
der Tomatensaft

In der Bar

En el bar [en ɛl bar]

la cerveza
[la θɛrˈβeθa]
das Bier

el whisky
[ɛl ˈgŭiski]
der Whiskey

el coñac
[ɛl kɔˈɲak]
der Cognac

el vino tinto
[ɛl ˈbino ˈtinto]
der Rotwein

el vino blanco
[ɛl ˈbino ˈblaŋko]
der Weißwein

el vino rosado
[ɛl ˈbino rrɔˈsaðo]
der Rosé

el vino dulce de Málaga [el ˈbino ˈdulθe de ˈmalaɣa]

La vida es demasiado corta para beber vino malo.

[la ˈbiða es demaˈsĭaðo ˈkɔrta ˈpara beˈβɛr ˈbino ˈmalo]

Das Leben ist viel zu kurz, um schlechten Wein zu trinken.

Johann Wolfgang von Goethe

el café solo
[ɛl kaˈfe ˈsolo]

el café cortado
[ɛl kaˈfe kɔrˈtaðo]

el café con helado
[ɛl kaˈfe kɔn eˈlaðo]

el café con hielo
[ɛl kaˈfe kɔn ˈjelo]

Im Café

En la cafetería [en la kafeteˈria]

el café solo

Kaffee mit sehr kräftigem Geschmack

el café cortado

doppelter Espresso mit etwas Milchschaum

el café con helado

der Espresso mit Vanilleeis

el café con hielo

der Espresso mit Eis

el café con leche
[ɛl kaˈfe kɔn ˈletʃe]

el cappuccino
[ɛl kapuˈtʃiːno]

el café moka
[ɛl kaˈfe ˈmoka]

el chocolate caliente
[ɛl tʃokoˈlate kaˈli̯ente]

la leche caliente
[la ˈletʃe kaˈli̯ente]

el café con leche
der Milchkaffee

el cappuccino
der Cappuccino

el café moka
Espresso mit Schokoladensoße und Milchschaum

el chocolate caliente die heiße Schokolade

la leche caliente die heiße Milch

Tee
té [te]

1. el té negro
[ɛl te ˈneɣro]
der schwarze Tee

2. el té blanco
[ɛl te ˈblaŋko]
der weiße Tee

3. el té verde
[ɛl te ˈbɛrðe]
der grüne Tee

4. el té afrutado
[ɛl te afruˈtaðo]
der Früchtetee

5. el té con limón
[ɛl te kon liˈmon]
der Zitronentee

6. el té de hierbas
[ɛl te de ˈjɛrβas]
der Kräutertee

Disculpe, querría pedir la comida.

[disˈkulpe keˈrria peˈðir la koˈmiða]

Entschuldigung!
Ich würde gerne bestellen.

¿Cuál es la especialidad de la región?

[kŭal es la espeθĭaliˈðað de la rrɛˈxĭɔn]

Welche Spezialitäten gibt es aus dieser Region?

Im Restaurant

En el restaurante [en ɛl rrestaŭˈrante]

---

el restaurante [ɛl rrestaŭˈrante]   das Restaurant
el menú [ɛl meˈnu]   die Speisekarte
el entrante [ɛl enˈtrante]   die Vorspeise
el plato principal [ɛl ˈplato prinθiˈpal]   das Hauptgericht
el postre [ɛl ˈpɔstre]   der Nachtisch

¿Tiene mesa para dos?   Haben Sie einen Tisch
[ˈtĭene ˈmesa ˈpara dɔs]   für zwei Personen?

¿Tienen menú del día?   Gibt es ein Tagesmenü?
[ˈtĭenen meˈnu dɛl ˈdia]

¿Qué me recomienda?   Was können Sie mir
[ke me rrɛkomĭenˈda]   empfehlen?

Querría...   Ich hätte gerne...
[keˈrria]

1. **el tenedor para aperitivo**
   [ɛl teneˈðɔr ˈpara aperiˈtiβo] die Vorspeisengabel
2. **el tenedor de plato principal**
   [ɛl teneˈðɔr de ˈplato prinθiˈpal] die Gabel
3. **el cuchillo de plato principal**
   [ɛl kuˈtʃiʎo de ˈplato prinθiˈpal] das Tafelmesser
4. **el cuchillo para aperitivo**
   [ɛl kuˈtʃiʎo ˈpara aperiˈtiβo] das Vorspeisenmesser
5. **la cuchara para sopa**
   [la kuˈtʃara ˈpara ˈsopa] der Suppenlöffel
6. **el cuchillo de pan**
   [ɛl kuˈtʃiʎo de pan] das Buttermesser
7. **el tenedor para tarta**
   [ɛl teneˈðɔr ˈpara ˈtarta] die Kuchengabel
8. **la cuchara para café**
   [la kuˈtʃara ˈpara kaˈfe] der Kaffeelöffel
9. **el plato para pan**
   [ɛl ˈplato ˈpara pan] der Brotteller
10. **el plato llano**
    [ɛl ˈplato ˈʎano] der Platzteller
11. **la copa de agua**
    [la ˈkopa de ˈaɣŭa] das Wasserglas
12. **la copa de vino tinto**
    [la ˈkopa de ˈbino ˈtinto] das Rotweinglas
13. **la copa de vino blanco**
    [la ˈkopa de ˈbino ˈblaŋko] das Weißweinglas

Der gedeckte Tisch

Protocolo en la mesa [protoˈkolo en la ˈmesa]

la pimienta
[la piˈmi̯enta]
der Pfeffer

la sal
[la sal]
das Salz

Die Gewürze

Las especias [las esˈpeθi̯as]

la cayena en polvo
[la kaˈjena en ˈpolβo]
das Chilipulver

la salsa de pesto
[la ˈsalsa de ˈpesto]
das Pesto

el curry
[ɛl ˈkurri]
das Currypulver

la mostaza
[la mɔsˈtaθa]
der Senf

el kétchup
[ɛl ˈkeʧup]
das Tomatenketchup

la mayonesa
[la majoˈnesa]
die Mayonnaise

el azúcar
[ɛl aˈθukar]
der Zucker

el edulcorante
[ɛl eðulkoˈrante]
der Süßstoff

el pimentón
[ɛl pimenˈtɔn]
das Paprikapulver

el queso parmesano
[ɛl ˈkeso parmeˈsano]
der Parmesankäse

la salsa de soja
[la ˈsalsa de ˈsɔxa]
die Sojasoße

la comida
[la koˈmiða]

die Mahlzeit

el desayuno
[ɛl desaˈjuno]

das Frühstück

el almuerzo
[ɛl almuˈɛrθo]

das Mittagessen

la cena
[la ˈθena]

das Abendessen

¡Buen provecho!
[bŭen proˈβetʃo]

Guten Appetit!

La cuenta, por favor.

[la ˈku̯enta pɔr faˈβɔr]

Die Rechnung, bitte.

¡Muy buena, la comida!
[mu̯i ˈbu̯ena la koˈmiða]

Das Essen war sehr gut.

¡Delicioso!
[deliˈθi̯oso]

Köstlich!

Aquí tiene.
[aˈki ˈti̯ene]

Das ist für Sie.

la propina
[la proˈpina]

das Trinkgeld

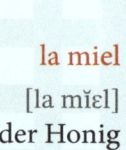

la miel
[la mĭɛl]
der Honig

la mantequilla de cacahuete
[la manteˈkiʎa de kakaˈŭete]
die Erdnussbutter

la mermelada
[la mɛrmeˈlaða]
die Marmelade

la mantequilla
[la manteˈkiʎa]
die Butter

el queso
[ɛl ˈkeso]
der Käse

la tostada
[la tɔsˈtaða]
das Toastbrot

el chocolate con churros
[ɛl tʃokoˈlate kon ˈtʃurros]
Churros mit heißer Schokolade

el huevo cocido
[ɛl ˈŭeβo koˈθiðo]
das gekochte Ei

la tortilla
[la tɔrˈtiʎa]
das Omelett

Das Frühstück

El desayuno [ɛl desaˈjuno]

el muesli
[ɛl ˈmŭesli]
das Müsli

la macedonia
[la maθeˈðonĭa]
der Obstsalat

el yogur
[ɛl joˈɣur]
der Joghurt

el huevo frito
[ɛl ˈŭeβo ˈfrito]
der Spiegelei

las tortitas
[las tɔrˈtitas]
der Pfannkuchen

el pan con tomate
[ɛl pan kɔn toˈmate]
das Brot mit Tomate

los huevos revueltos
[lɔs ˈŭeβos rrɛˈβŭɛltos]
das Rührei

Vorspeisen

Los entrantes [lɔs enˈtrantes]

el bacalao frito

[ɛl bakaˈlao ˈfrito]

der frittierte Kabeljau

las aceitunas

[las aθɛĭˈtunas]

die Oliven

las banderillas

[las bandeˈriʎas]

die Mixed-Pickles-Spieße

el pulpo a la gallega

[ɛl ˈpulpo a la gaˈʎeɣa]

der Oktopus auf Galicische Art

los calamares fritos

[lɔs kalaˈmares ˈfritos]

die frittierten Tintenfischringe

el huevo frito con patatas

[ɛl ˈŭeβo ˈfrito kon paˈtatas]

die Bratkartoffeln mit Spiegelei

el gazpacho
[ɛl gaθˈpatʃo]
der Gazpacho

los pinchos
[lɔs ˈpintʃos]
die Häppchen

el pan con jamón
[ɛl pan kɔn xaˈmon]
das Brot mit Schinken

las tapas
[las ˈtapas]
die Tapas

Hauptgerichte

Los platos principales [lɔs ˈplatos prinθiˈpales]

la tortilla española

[la tɔrˈtiʎa espaˈɲɔla]
der Kartoffelomelett

el cocido madrileño

[ɛl koˈθiðo maðriˈleɲo]
Eintopf mit Kichererbsen,
Fleisch, Wurst und Kohl

la paella

[la paˈeʎa]
die Paella

el cochifrito

[ɛl kotʃiˈfrito]
dic gekochtes und überbackenes
Lamm oder Zicklein

el escabeche
[ɛl eskaˈβetʃe]
der marinierte Fisch

la fideuá
[la fiðeˈŭa]
die Nudelpaella mit Fischbrühe

las sardinas a la brasa
[las sarˈðinas a la ˈbrasa]
Sardinen vom Holzkohlengrill

el gratinado de patatas
[ɛl gratiˈnado de paˈtatas]
der Kartoffelgratin

Süßspeisen

Los dulces [lɔs ˈdulθes]

1. la horchata [la ɔrˈtʃata]
2. la crema catalana [la ˈkrema kataˈlana]
3. el turrón [ɛl tuˈrrɔn]
4. la leche frita [la ˈletʃe ˈfrita]
5. la tarta de manzana [la ˈtarta de manˈθana]
6. las torrijas [las tɔˈrrixas]
7. el arroz con leche [ɛl aˈrrɔθ kɔn ˈletʃe]
8. los polvorones [lɔs pɔlβoˈrɔnes]
9. la quesada pasiega [la keˈsaða paˈsi̯eɣa]
10. las yemas de santa teresa [las ˈjemas de ˈsanta teˈresa]
11. el pastel de tres leches [ɛl pasˈtel de tres ˈletʃes]

Einkaufsmöglichkeiten

Tiendas y supermercados [ˈti̯endas i supɐrmɛrˈkaðos]

el centro comercial
[ɛl ˈθentro komɛrˈθĭal] das Einkaufszentrum

la tienda
[la ˈtĭenda] der Laden

el mercado
[ɛl mɛrˈkaðo] der Markt

el supermercado
[ɛl supɛrmɛrˈkaðo] der Supermarkt

el quiosco
[ɛl ˈkĭɔsko] der Kiosk

Alles, was das Herz begehrt

Todo lo que el corazón desea [ˈtoðo lo ke ɛl koraˈθɔn deˈsea]

la tienda de cosméticos
[la ˈtienda de kɔzˈmetikos]
die Parfümerie

la peluquería
[la pelukeˈria]
der Friseursalon

la joyería
[la xojeˈria]
das Juweliergeschäft

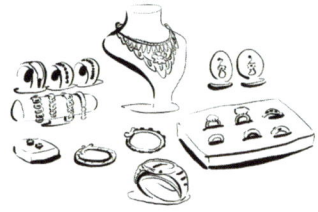

la floristería
[la floristeˈria]
der Blumenladen

la tienda de moda
[la ˈti̯enda de ˈmoða]
die Modeboutique

la zapatería
[la θapateˈria]
das Schuhgeschäft

la tienda de souvenirs
[la ˈti̯enda de subeˈnirs]
der Souvenirladen

la tienda de antigüedades
[la ˈti̯enda de antiɣu̯eˈðaðes]
das Antiquitätengeschäft

Quiero… Ich möchte...
[ˈki̯ero]

una camisa. ein Hemd.
[ˈuna kaˈmisa]

un pantalón. eine Hose.
[un pantaˈlɔn]

un par de zapatos. ein Paar Schuhe.
[un par de θaˈpatos]

unas medias. ein Paar Strümpfe.
[ˈunas ˈmeði̯as]

dos blusas. zwei Blusen.
[dɔs ˈblusas]

tres chaquetas. drei Jacken.
[tres tʃaˈketas]

cuatro faldas. vier Röcke.
[ˈku̯atro ˈfaldas]

un abrigo. einen Mantel.
[un aˈβriɣo]

¿Cuánto cuesta esto? [ˈkŭanto ˈkŭesta ˈesto]	Wie viel kostet das?
Cuesta ... euros. [ˈkŭesta ... ˈeŭros]	Das kostet ... Euro.
Es muy caro. [es mŭi ˈkaro]	Das ist sehr teuer.
Es muy barato. [es mŭi baˈrato]	Das ist sehr billig.
Gracias, es suficiente. [ˈgraθĭas es sufiˈθĭente]	Danke, das ist genug.
Es económico. [es ekoˈnomiko]	Der Preis ist angemessen.
Es demasiado corto / largo. [es demaˈsĭaðo ˈkɔrto(a) / ˈlarɣo(a)]	Das ist zu kurz / lang.
Es demasiado ancho / estrecho. [es demaˈsĭaðo ˈantʃo / esˈtretʃo]	Das ist zu weit / eng.

¿Puedo probármelo?
['pu̯eðo pro'βarmelo]

Kann ich das anprobieren?

¿Dónde está el probador?
['dɔnde es'ta ɛl proβa'ðɔr]

Wo ist die Umkleidekabine?

Rebajado

[rrɛβaxaˈðo]

Reduziert

precio rebajado
[ˈpreθĭo rrɛβaˈxado] reduzierter Preis

liquidación
[likiðaˈθĭɔn] Räumungsverkauf

precio especial
[ˈpreθĭo espeˈθĭal] Sonderpreis

oferta especial
[oˈfɛrta espeˈθĭal] Sonderangebot

Die Farben

Los colores [lɔs koˈlɔres]

el blanco
[ɛl ˈblaŋko] weiß

el negro
[ɛl ˈneɣro] schwarz

el naranja
[ɛl naˈraŋxa] orange

el marrón
[ɛl maˈrrɔn] braun

el gris
[ɛl gris] grau

el azul claro
[ɛl aˈθul ˈklaro] hellblau

claro [ˈklaro] hell

oscuro [osˈkuro] dunkel

el rojo [ɛl ˈrrɔxo] rot

el rosa [ɛl ˈrrɔsa] rosa

el amarillo [ɛl amaˈriʎo] **gelb**

el verde [ɛl ˈbɛrðe] grün

el azul oscuro [ɛl aˈθul osˈkuro] dunkelblau

el violeta [ɛl bi̯oˈleta] lila

Die Zahlen

Los números [lɔs ˈnumeros]

0	cero	[ˈθero]
1	uno (un), una	[ˈuno (un) ˈuna]
2	dos	[dɔs]
3	tres	[tres]
4	cuatro	[ˈku̯atro]
5	cinco	[ˈθiŋko]
6	seis	[sɛi̯s]
7	siete	[ˈsi̯ete]
8	ocho	[ˈotʃo]
9	nueve	[ˈnu̯eβe]
10	diez	[di̯eθ]
11	once	[ˈɔnθe]
12	doce	[ˈdoθe]
13	trece	[ˈtreθe]
14	catorce	[kaˈtɔrθe]
15	quince	[ˈkinθe]
16	dieciséis	[di̯eθiˈsɛi̯s]
17	diecisiete	[di̯eθiˈsi̯ete]
18	dieciocho	[di̯eθiˈotʃo]
19	diecinueve	[di̯eθiˈnu̯eβe]
20	veinte	[ˈbɛi̯nte]
21	veintiuno	[bɛi̯nti̯ˈuno]
	(veintiún) veintiuna	[(bɛi̯nti̯ˈun) bɛi̯nti̯ˈuna]
22	veintidós	[bɛi̯ntiˈdɔs]
23	veintitrés	[bɛi̯ntiˈtres]
24	veinticuatro	[bɛi̯ntiˈku̯atro]

25	veinticinco	[bɛĭntiˈθiŋko]
26	veintiséis	[bɛĭntiˈsɛĭs]
27	veintisiete	[bɛĭntiˈsĭete]
28	veintiocho	[bɛĭntiˈotʃo]
29	veintinueve	[bɛĭntiˈnŭeβe]
30	treinta	[ˈtrɛĭnta]
40	cuarenta	[kŭaˈrenta]
50	cincuenta	[θiŋˈkŭenta]
60	sesenta	[seˈsenta]
70	setenta	[seˈtenta]
80	ochenta	[oˈtʃenta]
90	noventa	[noˈβenta]
100	cien	[θĭen]
101	ciento uno (un), una	[ˈθĭento ˈuno (ˈun) ˈuna]
200	doscientos(/as)	[dɔsˈθĭentos/as]
300	trescientos(/as)	[tresˈθĭentos/as]
400	cuatrocientos(/as)	[kŭatroˈθĭentos/as]
500	quinientos(/as)	[kiˈnĭentos/as]
600	seiscientos(/as)	[sɛĭsˈθĭentos/as]
700	setecientos(/as)	[seteˈθĭentos/as]
800	ochocientos(/as)	[otʃoˈθĭentos/as]
900	novecientos(/as)	[noβeˈθĭentos/as]
1000	mil	[mil]
1150	mil ciento cincuenta	[mil ˈθĭento θiŋˈkŭenta]
100 000	cien mil	[θĭen mil]
1 000 000	un millón	[un miˈʎɔn]

1

el primero (primer) / la primera

[ɛl priˈmero (priˈmɛr) / la priˈmera]
der erste / die erste / das erste

2

el segundo / la segunda

[ɛl seˈɣundo / la seˈɣunda]
der zweite / die zweite / das zweite

3

el tercero (tercer) / la tercera

[ɛl tɛrˈθero (tɛrˈθɛr) / la tɛrˈθera]
der dritte / die dritte / das dritte

el cuarto / la cuarta [ɛl ˈkŭarto / la ˈkŭarta]	der/die/das vierte
el quinto / la quinta [ɛl ˈkinto / la ˈkinta]	der/die/das fünfte
el sexto / la sexta [ɛl ˈsesto / la ˈsesta]	der/die/das sechste
el séptimo / la séptima [ɛl ˈsɛptimo / la ˈsɛptima]	der/die/das siebte
el octavo / la octava [ɛl ɔkˈtaβo / la ɔkˈtaβa]	der/die/das achte
el noveno / la novena [ɛl noˈβeno / la noˈβena]	der/die/das neunte
el décimo / la décima [ɛl ˈdeθimo / la ˈdeθima]	der/die/das zehnte

Wann denn?	108
Rund um die Uhr	110
Die Wochentage	116
Die zwölf Monate des Jahres	118
Das Wetter und die Jahreszeiten	120
Die Körperteile	122
Wenn man sich krank fühlt	126
Notfälle	130
Was sagen uns die Schilder?	136
Gefühlsausbrüche	142
Komplemente	150
Romantisches	152
Land und Leute	158

Wann denn?

¿Cuándo entonces?
[ˈkŭando enˈtɔnθes]

ayer
[aˈjɛr]
gestern

anoche
[aˈnotʃe]
letzte Nacht

anteayer
[anteaˈjɛr]
vorgestern

la semana pasada
[la seˈmana paˈsaða]
letzte Woche

el año pasado
[ɛl ˈaɲo paˈsaðo]
letztes Jahr

hoy
[ɔĭ]
heute

mañana
[maˈɲana]
morgen

pasado mañana
[paˈsaðo maˈɲana]
übermorgen

la semana que viene
[la seˈmana ke ˈbĭene]
nächste Woche

el año que viene
[ɛl ˈaɲo ke ˈbĭene]
nächstes Jahr

Rund um die Uhr

Todo sobre la hora [ˈtoðo ˈsoβre la ˈora]

las horas [las ˈoras]	die Uhrzeiten
el reloj [ɛl rrɛˈlɔx]	die Uhr
el segundo [ɛl seˈɣundo]	die Sekunde
los segundos [lɔs seˈɣundos]	die Sekunden
el minuto [ɛl miˈnuto]	die Minute
los minutos [lɔs miˈnutos]	die Minuten
un cuarto de hora [un ˈku̯arto de ˈora]	eine viertel Stunde
media hora [ˈmeði̯a ˈora]	die halbe Stunde
la hora [la ˈora]	die Stunde
las horas [las ˈoras]	die Stunden

la mañana
[la maˈɲana]

der Morgen

el mediodía
[ɛl meðĭoˈðia]

der Mittag

la tarde
[la ˈtarðe]

der Nachmittag/Abend

la noche
[la ˈnotʃe]

die Nacht

la medianoche
[la meðĭaˈnotʃe]

die Mitternacht

temprano
[temˈprano]
früh

tarde
[ˈtarðe]
spät

¿Qué hora es?

[ke ˈora es]

Wie spät ist es?

Es la una.

[es la ˈuna]

Es ist ein Uhr.

7:10
Son las siete y diez.

[sɔn las ˈsi̯ete i ˈdi̯eθ]
Es ist zehn nach sieben.

7:15
Son las siete y cuarto.

[sɔn las ˈsi̯ete i ˈku̯arto]
Es ist Viertel nach sieben.

9:50

Son las diez menos diez.

[sɔn las di̯eθ ˈmenɔs di̯eθ]

Es ist zehn vor zehn.

10:00

Son las diez.

[sɔn las di̯eθ]

Es ist zehn Uhr.

10:10

Son las diez y diez.

[sɔn las di̯eθ i di̯eθ]

Es ist zehn nach zehn.

10:30

Son las diez y media.

[sɔn las di̯eθ i ˈmeði̯a]

Es ist halb elf.

12:00

Son las doce del mediodía.

[sɔn las ˈdoθe del meˈðioˈdiːa]

Es ist Mittag.

19:55

Son las ocho menos cinco de la tarde.

[sɔn las ˈotʃo ˈmenɔs ˈθiŋko de la ˈtarðe]

Es ist fünf vor acht Uhr abends.

20:00

Son las ocho de la tarde.

[sɔn las ˈotʃo de la ˈtarðe]

Es ist acht Uhr abends.

24:00

Son las doce de la noche.

[sɔn las ˈdoθe de la ˈnotʃe]

Es ist Mitternacht.

Die Wochentage

Los días de la semana
[lɔs ˈdiːas de la seˈmana]

lunes	**martes**	**miércoles**
[ˈlunes]	[ˈmartes]	[ˈmi̯ɛrkoles]
Montag	Dienstag	Mittwoch

el día laborable   der Werktag
[ɛl ˈdiːa laβoˈraβle]

el fin de semana   das Wochenende
[ɛl fin de seˈmana]

el día festivo   der Feiertag
[ɛl ˈdia fesˈtiβo]

el día de descanso   der Ruhetag
[ɛl ˈdia de desˈkanso]

jueves	**viernes**	**sábado**	**domingo**
[ˈxŭeβes]	[ˈbĭɛrnes]	[ˈsaβaðo]	[doˈmiŋgo]
Donnerstag	Freitag	Samstag	Sonntag

¿Qué día es hoy?
[ke ˈdia es ɔĭ]

Welchen Tag haben wir heute?

Hoy es lunes.
[ɔĭ es ˈlunes]

Heute ist Montag.

¿Qué fecha es hoy?
[ke ˈfetʃa es ɔĭ]

Welches Datum haben wir heute?

Hoy es diez de enero.
[ɔĭ es dĭeθ de eˈnero]

Wir haben heute den 10. Januar.

¿Hoy es festivo?
[ɔĭ es fesˈtiβo]

Ist heute ein Feiertag?

1 **enero** [eˈnero] Januar	**2** **febrero** [feˈβrero] Februar
5 **mayo** [ˈmajo] Mai	**6** **junio** [ˈxunĭo] Juni
9 **septiembre** [sepˈtĭembre] September	**10** **octubre** [ɔkˈtuβre] Oktober

Die zwölf Monate des Jahres

Los doce meses del año [lɔs ˈdoθe ˈmeses dɛl ˈaɲo]

3
marzo
[ˈmarθo]
März

4
abril
[aˈβril]
April

7
julio
[ˈxulĭo]
Juli

8
agosto
[aˈɣɔsto]
August

11
noviembre
[noˈβĭembre]
November

12
diciembre
[diˈθĭembre]
Dezember

Das Wetter und die Jahreszeiten

El clima y las estaciones [ɛl ˈklima i las estaˈθĭɔnes]

la primavera
[la primaˈβera]
der Frühling

el verano
[ɛl beˈrano]
der Sommer

el otoño
[ɛl oˈtoɲo]
der Herbst

el invierno
[ɛl imˈbĭɛrno]
der Winter

¿Qué tiempo hace hoy?	Wie ist das Wetter heute?
[ke ˈtǐempo ˈaθɛ ɔǐ]	
Hace buen tiempo.	Das Wetter ist schön.
[ˈaθɛ bŭen ˈtǐempo]	
Hace sol.	Die Sonne scheint.
[ˈaθɛ sɔl]	
Hace mal tiempo.	Das Wetter ist schlecht.
[ˈaθɛ mal ˈtǐempo]	
Hace calor.	Es ist heiß.
[ˈaθɛ kaˈlɔr]	
Hace mucho calor.	Es ist sehr heiß
[ˈaθɛ ˈmutʃo kaˈlɔr]	
Tengo mucho calor.	Mir ist sehr heiß.
[ˈteŋgo ˈmutʃo kaˈlɔr]	
Hace mucho frío.	Es ist sehr kalt.
[ˈaθɛ ˈmutʃo ˈfrio]	
Tengo mucho frío.	Mir ist sehr kalt.
[ˈteŋgo ˈmutʃo ˈfrio]	
Hace mucho viento.	Es ist sehr windig.
[ˈaθɛ ˈmutʃo ˈbǐento]	
Hay niebla.	Es ist neblig.
[aǐ ˈnǐeβla]	
Está lloviendo.	Es regnet.
[esˈta ʎoˈβǐendo]	
Está lloviznando.	Es nieselt.
[esˈta ʎoβiθˈnando]	
Está nevando.	Es schneit.
[esˈta neˈβando]	

la frente
[la ˈfrente] die Stirn

el ojo
[ɛl ˈɔxo] das Auge

la nariz
[la naˈriθ] die Nase

la boca
[la ˈboka] der Mund

los dientes
[lɔs ˈdi̯entes] die Zähne

la lengua
[la ˈleŋɡu̯a] die Zunge

la barbilla
[la barˈβiʎa] das Kinn

los dedos
[lɔs ˈdeðos]
die Finger

la mano
[la ˈmano] die Hand

la cintura
[la θinˈtura] die Taille

la cadera
[la kaˈðera] die Hüfte

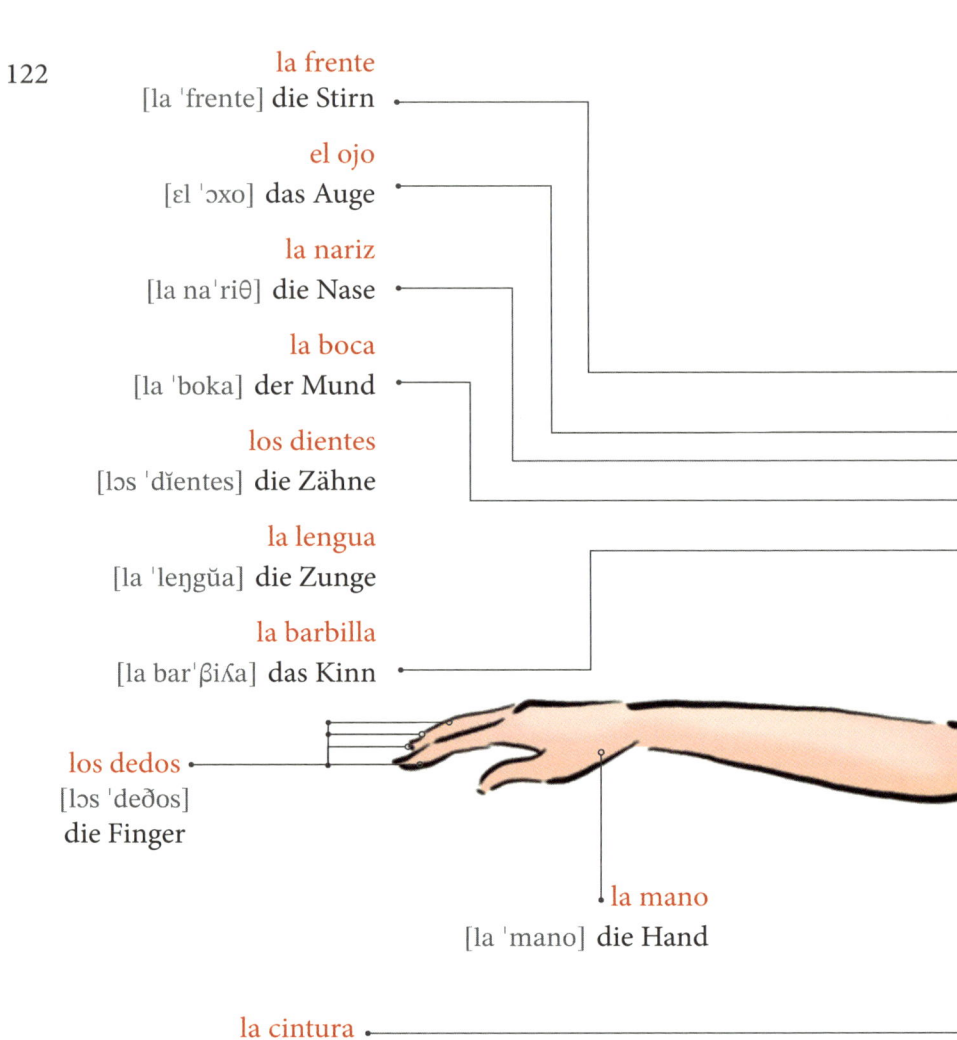

Die Körperteile
Las partes del cuerpo [las ˈpartes del ˈku̯ɛrpo]

la cabeza
[la kaˈβeθa] der Kopf

la cara
[la ˈkara] das Gesicht

las orejas
[las oˈrɛxas] die Ohren

la mejilla
[la mɛˈxiʎa] die Wange

el cuello
[ɛl ˈkŭeʎo] der Hals

el brazo
[ɛl ˈbraθo] der Arm

el codo
[ɛl ˈkoðo] der Ellbogen

el pecho
[ɛl ˈpetʃo] die Brust

el corazón
[ɛl koraˈθɔn] das Herz

la barriga
[la baˈrriɣa] der Bauch

la pierna
[la ˈpi̯ɛrna] das Bein

la rodilla
[la rrɔˈðiʎa] das Knie

el pie
[ɛl pi̯e] der Fuß

Wenn man sich krank fühlt

Cuando se siente mal [ˈkŭando se ˈsĭente mal]

Estoy enfermo/a. [esˈtɔĭ emˈfɛrmo/a]	Ich bin krank.
Tengo que vomitar. [ˈteŋgo ke bomiˈtar]	Ich muss mich übergeben.
Tengo náuseas. [ˈteŋgo ˈnaŭseas]	Mir ist übel.
Me duele aquí. [me ˈdŭele aˈki]	Hier tut es weh.
Tengo fiebre. [ˈteŋgo ˈfĭeβre]	Ich habe Fieber.
Me duele la cabeza. [me ˈdŭele la kaˈβeθa]	Ich habe Kopfschmerzen.
Me duele la barriga. [me ˈdŭele la baˈrriɣa]	Ich habe Bauchschmerzen.

Me duele la garganta.　　　　　　　Ich habe Halsschmerzen.
[me ˈdŭele la garˈɣanta]

Me duele la espalda.　　　　　　　Ich habe Rückenschmerzen.
[me ˈdŭele la esˈpalda]

Tengo dolor de muelas.　　　　　　Ich habe Zahnschmerzen.
[ˈteŋgo doˈlɔr de ˈmŭelas]

Tengo estreñimiento.　　　　　　　Ich habe Verstopfung.
[ˈteŋgo estreɲiˈmĭento]

Tengo diarrea.　　　　　　　　　　Ich habe Durchfall.
[ˈteŋgo dĭaˈrrɛa]

Tengo alergia.　　　　　　　　　　Ich habe eine Allergie.
[ˈteŋgo aˈlɛrxia]

Tengo un sarpullido.　　　　　　　Ich habe Ausschlag.
[ˈteŋgo un sarpuˈʎiðo]

la farmacia

[la farˈmaθĭa] die Apotheke

el hospital
[ɛl ɔspiˈtal] das Krankenhaus

el médico
[ɛl ˈmeðiko] der Arzt

la médica
[la ˈmeðika] die Ärztin

el enfermero
[ɛl emfɛrˈmero] der Krankenpfleger

la enfermera
[la emfɛrˈmera] die Krankenschwester

la medicina / el medicamento
[la meðiˈθina / ɛl meðikaˈmento] das Medikament

¡Jesús! / ¡Salud!

[xeˈsus / saˈluð]

Gesundheit!

Notfälle

Urgencias [urˈxenθĭas]

¿Dónde está el lavabo?
[ˈdɔnde esˈta ɛl laˈβaβo]

Wo ist die Toilette?

Necesito ir al lavabo.
[neθeˈsito ir al laˈβaβo]

Ich muss zur Toilette gehen.

¿Hay un baño público por aquí?
[aĭ un ˈbaɲo ˈpuβliko pɔr aˈki]

Gibt es hier eine öffentliche Toilette?

¡Necesito ir al hospital en seguida!

[neθeˈsito ir al ɔspiˈtal en seˈɣiða]

Ich muss sofort ins Krankenhaus.

¡Llame a la policía, por favor!

[ˈʎame a la poliˈθia pɔr faˈβɔr]

Rufen Sie bitte die Polizei!

¡Cuidado!
[kŭiˈðaðo] Vorsicht!

¡Socorro!
[soˈkɔrro] Hilfe!

¡Fuego!
['fŭeɣo] Feuer!

¡Emergencia!
[emɛrˈxenθĭa] Notfall!

Was sagen uns die Schilder?

¿Qué nos dicen las señales? [ke nɔs ˈdiθen las seˈɲales]

¡PELIGRO!

[peˈliɣro]

GEFAHR

NO ENTRAR

[no enˈtrar]

KEIN DURCHGANG

¡ALTO! NO PASAR

[ˈalto no paˈsar]

GESPERRT

PELIGRO ELECTRICIDAD

[peˈliɣro elɛktriθiˈðað]

HOCHSPANNUNG LEBENSGEFAHR

ÁREA DE ESTACIONAMIENTO
[ˈarea de estaθĭonaˈmĭento]
PARKPLATZ

SENTIDO ÚNICO
[senˈtiðo ˈuniko]
EINBAHNSTRAßE

NO ESTACIONAR
[no estaθĭoˈnar]
PARKEN VERBOTEN

ENTRADA Y SALIDA DE VEHÍCULOS
[enˈtraða y saˈliða de beˈikulos]
EINFAHRT UND AUSFAHRT FREIHALTEN

DESVÍO
[dezˈβio]
UMLEITUNG

SOLO PERSONAL AUTORIZADO
[ˈsolo pɛrsoˈnal aŭtoriˈθaðo]
UNBEFUGTEN IST DER ZUTRITT VERBOTEN

PRIMEROS AUXILIOS

[priˈmeros au̯ɣˈsilĭos]

ERSTE HILFE

EMERGENCIAS

[emɛrˈxenθĭas]

NOTDIENST

ZONA ESCOLAR

[ˈθona eskoˈlar]

ACHTUNG SCHULE

¡ATENCIÓN! CUIDADO CON EL PERRO

[atenˈθĭɔn kŭiˈðaðo kɔn el ˈpɛrro]

VORSICHT! BISSIGER HUND

PLAN DE EVACUACIÓN
[plan de eβakŭaˈθĭon]
FLUCHTPLAN

SALIDA DE EMERGENCIA
[saˈliða de emɛrˈxenθĭa]
NOTAUSGANG

SOLO PERSONAL AUTORIZADO
[ˈsolo pɛrsoˈnal aŭtoriˈθaðo]
ZUTRITT NUR FÜR PERSONAL

ZONA PEATONAL
[ˈθona peatoˈnal]
FUßGÄNGERZONE

CORREOS	CINE
[kɔˈrrɛos]	[ˈθine]
POST	KINO

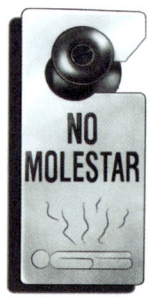

NO MOLESTAR	NO FUMAR
[no molesˈtar]	[no fuˈmar]
BITTE NICHT STÖREN	RAUCHEN VERBOTEN

DAMAS	CABALLEROS
[ˈdamas]	[kaβaˈʎeros]
DAMEN	HERREN

ABIERTO

[aˈβi̯ɛrto]

GEÖFFNET

CERRADO

[θɛˈrraðo]

GESCHLOSSEN

AUTOSERVICIO

[au̯tɔserˈβiθi̯o]

SELBSTBEDIENUNG

RESERVADO

[rrɛserˈβaðo]

RESERVIERT

NO INGERIR ALIMENTOS EN ESTA AREA

[no iŋxeˈrir aliˈmentos en ˈesta ˈarea]

ESSEN UND TRINKEN VERBOTEN

Gefühlsausbrüche

Ein Thema über Gefühlsausbrüche? So seltsam der Titel klingen mag, es handelt sich dabei um ein ganz besonderes Kapitel, das du vermutlich in kaum einem anderen Sprachbuch finden wirst. Und schon gar nicht in einem, das sich mit dem Erstkontakt einer fremden Sprache beschäftigt.

Du willst dich bei deinem ersten Besuch in einem spanischsprachigen Land doch ganz sicher nicht blamieren, oder? Damit das nicht so schnell passieren kann, gibt es dieses Kapitel, das dir hilft Fettnäpfchen zu vermeiden. Aber erst einmal will ich dir erklären, was ich unter dem Begriff: Gefühlsausbrüche verstehe und was das Kapitel in diesem Buch verloren hat.

Gefühlsausbrüche gibt es nicht nur bei den Spaniern, sondern in jedem anderen Land der Welt. Jedes Kind wird von klein auf damit vertraut gemacht und verinnerlicht diese Form der Kommunikation. Aber... aber... es ist nicht leicht, damit umzugehen. Gefühlsausbrüche sind Wörter, die automatisch aus dem Mund herausrutschen. Das passiert oft ohne, dass man darüber nachgedacht hat. Schwupps, sind sie da und rückgängig machen kann man sie nicht. Sie haben die Aufgabe, eine aufgebrachte Seele wieder zur Ruhe zu bringen, wenn sie zuvor durch Zorn, Enttäuschung, Erschrecken, Verwunderung, Entzückung oder Ähnliches in Wallung geraten ist. Man könnte sie auch als seelische Turbulenzenberuhiger bezeichnen.

Gefühlsausbrüche gibt es in unterschiedlichen Graden und Stärken. Diese Grade sind stark abhängig von der jeweiligen Bedeutung, Betonung oder Situation, in denen sie ausgesprochen werden. Leichte Gefühlsausbrüche kann man im Selbstgespräch einfach vor sich hinmurmeln, zur leichten Abkühlung der Seele. Starke Gefühlsausbrüche sind oft schlimme, tiefe, verletzende Beschimpfungen für andere Mitmenschen.

Bei den Spaniern sind die Gefühlsausbrüche ein ganz besonderes Thema und benötigen ganz besondere Beachtung und Aufmerksamkeit. Das hängt damit zusammen, dass die spanische Sprache über ein erschreckend reiches Vokabular zum Thema Gefühlsausbrüche verfügt. Dieses erstreckt sich vom seichten Fluch bis zur alarmierenden Androhung.

Lebt man als Ausländer in Spanien, erscheint es schon nahezu befremdlich von einem Spanier einen vollständigen Satz ohne Einflüsse von Gefühlsausbrüchen zu vernehmen. Das sage ich nicht, weil ich die spanische Sprache beschmutzen möchte. Dieser Satz könnte vielleicht falsch ankommen, da er auf das Klischee des temperamentvollen Südeuropäers anspielt. Ich liebe es, den Spaniern und den Spanierinnen dabei zuzusehen, wie sie bei alltäglichen Gesprächen mit Händen und Füßen wild gestikulieren und ihrer Meinung damit einen unmissverständlichen Ausdruck geben. Ja, dieses Temperament macht den Charme des Landes geradezu aus. Ohne das wäre Spanien nicht das, was es ist!

Das erste Wort, mit dem wir uns beschäftigen heißt: „¡Mierda!". Übersetzt beschreibt dieses Wort das organische Endprodukt des Verdauungsprozesses. Es gibt auch eine deutsche Entsprechung zu dem Wort, die ich aber der Höflichkeit halber nicht exakt übersetze. Jeder kennt die Verwendung des Wortes und in jedem Land gibt es Entsprechungen dafür.

Das zweite Wort der spanischen Gefühlsausbrüche lautet: „¡Joder!". Exakt übersetzt würde man damit die Tätigkeit des Beischlafs ausdrücken. Aber so häufig, wie es in der spanischen Sprache eingesetzt wird, ist damit natürlich nicht immer dieser Vulgärausdruck gemeint. Einsatz findet dieses Wort in ganz alltäglichen Situationen: wenn zum Beispiel deine Suppe überkocht: „Joder!", wenn sie im Fernsehen nicht gerade deine Lieblingssendung zeigen: „Joder!", wenn du morgens ganz früh raus musst: „Joder!".

Du siehst, es muss nichts Aufregendes passieren, um diesen Gefühlsausbruch in Spanien zum Einsatz zu bringen. Es drückt einfach jede Form von Erstaunen, Verwunderung oder Frustration aus. Sei als Ausländer trotzdem äußerst achtsam mit der Verwendung des Wortes!

Das nächste Gefühlsausbruchswort lautet „¡Gilipollas!" das sich auf eine Person bezieht, über die man sich geärgert hat und die man aufgrund dessen ausdrucksstark beschimpfen möchte. Die Interpretationen des Wortes sind vielschichtig. Man könnte es beispielsweise als Vergleich eines Menschen mit dem Schließmuskel am Ende des Verdauungstraktes einsetzen oder als Vergleich mit einem verunreinigten männlichen Geschlechtsteil. Pfui! Im alltäglichen Sprachgebrauch, gerade unter Freunden wird dem Wort aber eine andere Bedeutung zugeschrieben. Trotzdem, für dich als Sprachneuling: Achtung im Umgang mit diesem Wort!

Der spanische Satz:

„¡Me cago en todo lo que se menea!" würde beispielsweise in höflich ausgedrückter deutscher Sprache bedeuten: „Ich hinterlasse meine Verdauungsspuren auf allem, das sich bewegt.". Auch das meint der Spanier niemals wortwörtlich. Dieser Gefühlsausbruch entspringt dem Spanier beispielsweise in einer kniffeligen Verkehrssituation, bei der er sich eindeutig im Recht fühlt.

Du siehst, wie wesentlich es für dich ist, in der spanischen Sprache der Gefühlsausbrüche wenigstens ein wenig firm zu sein. Bist du damit einigermaßen vertraut, dann ist dein Fundament für die spanische Sprache schon einmal geschaffen.

Aber Vorsicht! Wenn du nicht den exakten Grad der Betonung findest, sie nicht in genau dem richtigen Augenblick einsetzt oder der Einsatz nicht der entsprechenden Beziehung zu deinem Gegenüber passt, könnte es sehr, sehr peinlich werden.

Also: Verschließe nicht deine Ohren, wenn du sie vernimmst, aber plappere sie auch nicht einfach nach. Kenne sie als Fremder gut, aber nutze sie ganz behutsam und nur dann, wenn du dir in der Anwendung hundert Prozent sicher bist!

Aber auch wenn du Gefühlsausbrüche selber niemals einsetzen solltest, wird es hilfreich sein sie zu kennen. Zum Glück gibt es dieses Sprachbuch für dich! Ich hoffe, ich konnte dir meine Intention, dem Thema Bedeutung zuzumessen gut vermitteln.

Das nächste Wort ist in der deutschen Sprache ebenfalls bekannt und bedarf keiner längeren Ausführungen. Es lautet: „¡Idiota!". Natürlich ist damit eine Beschimpfung für eine Person gemeint, die man als dumm empfindet.

Dann kommen wir zum: „¡Cabrón! / ¡Cabrona!". Wortwörtlich übersetzt heißt das: männliches Schaf oder Schafsbock. Vor Augen hat man dabei einen Schafskopf mit mächtigen geschwungenen Hörnern, was symbolisch für Dummheit oder für Sturheit steht. Dieses Wort zählt zu den milderen Gefühlsausbruchwörtern und wird häufig im Spaß ohne ärgerliche Härte ausgesprochen. Sehr gerne auch von Ehefrauen als Betitelung ihres Gatten gemeint.

Sehr gerne verwendet man weltweit die Vergleiche von Menschen und Tieren, um jemanden zu verletzen oder zu beschämen. So auch das spanische Wort: „¡Burro! / ¡Burra!", was „Esel" auf Deutsch heißt. Der Sprecher setzt dabei voraus, dass Esel generell dumm seien und dass der Beschimpfte deswegen diesem sympathischen Tier gleiche.

Damen, die einem horizontalen Gewerbe nachgehen, erfahren meist keine große Achtung von ihren Mitmenschen. Aus diesem Grund ist es leider so, dass dieser Berufszweig für die Welt der Gefühlsausbrüche mit Vorliebe genutzt wird. Möchte man im Spanischen ausdrücken, dass man der Meinung ist, dass jemand ein Sohn einer Prostituierten sei, drückt man dies mit dem Gefühlsausbruchwort: „¡Hijo/a de puta!" aus. Natürlich weiß man, dass dies nicht der Wirklchkeit entspricht, aber man möchte dem anderen richtig heftig weh tun und ihn verletzen.

„¡De puta madre!" So laut und kraftvoll manche Gefühlsausbrüche sind, so sehr muss man bei deren Erklärung um Ecken denken und oft tief in den Keller der Schimpfworte steigen. Wortwörtlich übersetzt meint dieses Gefühlsausbruchwort: „Von einer Hurenmutter!". Was auch immer damit konkret ausgedrückt sein will, gemeint ist damit etwas ganz anderes. Hierbei handelt es sich um einen jugendlichen Kraftausdruck der Verwunderung oder des Staunens, oft sogar in Verbindung mit überraschter Freude.

Bei dem nächsten Begriffen wird der weibliche unbekleidete Körper als Ausdruck von Gefühlsausbrüchen benutzt. Wie kommt es, dass die Welt der Schimpfwörter und Beleidigungen bei diesem zauberhaften Thema Einzug gehalten hat?

Nehmen wir zum Beispiel das spanische Wort: „¡Coño!". Übersetzt wäre dies der umgangssprachliche Begriff für das weibliche Geschlecht. Allerdings hat sich der Begriff als Gefühlsausbruch weit von der eigentlichen Bedeutung fortbewegt.

„Coño" sagt man im Spanischen, um eine überraschende Gefühlssteigerung auszudrücken. Die beiden Jungs auf dem Bild sind vollkommen hingerissen vor der Schönheit des vorbeilaufenden Mädchens. „¡Coño, que está buena!" drückt ihre Sprachlosigkeit in dieser Situation aus.

Die Welt der Gefühlsausbrüche verirrt sich gerne in Themen, die den Menschen besonders wichtig oder gar heilig sind. Das haben wir bei einigen der vorher genannten Begriffe bereits erlebt. Das nächste Wort aus der spanischen Sprache lautet: „¡Hostia!", was auf Deutsch Hostie heißt. Die Welt der Gefühlsausbrüche geht schmerzfrei mit dieser Heiligkeit um. In diesem Zusammenhang drückt man eine starke Verwunderung aus, beispielsweise, wenn man seine Geldbörse verloren hat.

So, lieber Leser, liebe Leserin, es ist mir nicht leichtgefallen, dir dieses sensible und heikle Thema darzulegen. Aber mir ist es ein Anliegen, dir größtmögliche Sicherheit beim ersten Kontakt mit der spanischen Sprache zu schenken.

Dazu gehören nun einmal auch die Ausführungen über die Gefühlsausbruchwörter. Man könnte das Thema sicherlich noch weiter ausbreiten. Aber es reicht, wenn du eine klare Vorstellung davon hast, um einen möglichen Schritt in ein Fettnäpfchen zu vermeiden. Bedenke immer, dass die Gefühlsausbruchwörter unterschiedliche Stärken haben und Vielfältiges ausdrücken können. Du findest sie gleichermaßen in allen Gesellschaftsschichten.

Kommst du mit diesen Ausdrücken in Kontakt, versuche feinfühlig zu erspüren, ob der Sprecher ärgerlich, unzufrieden, wütend oder ob er fröhlich und verschmitzt wirkt. Und dann vermeide das eigene Aussprechen dieser dir jetzt bekannten Wörter tunlichst.

Es könnte nicht nur hochpeinlich für dich werden oder gar deine Gesundheit gefährden, sondern du könntest einem Mitmenschen bei nicht ganz sachgerechter Anwendung sehr, sehr weh tun.

¡Bravo!	¡Genial!
[ˈbraβo] Bravo!	[xeˈnĭal] Genial!

¡Estupendo!	¡Excelente!
[estuˈpendo] Hervorragend!	[esθeˈlente] Ausgezeichnet!

Komplimente

Cumplidos [kumˈpliðos]

¡Espléndido!
[esˈplendiðo]

Herrlich!

¡Maravilloso!
[maraβiˈʎoso]

Wunderbar!

Romantisches

Romántico [rrɔˈmantiko]

Eres muy guapo/a.
[ˈeres mŭi gŭapo/a]
Du bist sehr hübsch.

Tienes unos ojos bonitos.
[ˈtĭenes ˈunos ˈɔxos boˈnitos]
Du hast schöne Augen.

Eres extraordinario/a.
[ˈeres estraɔrðiˈnarĭo/a]
Du bist außergewöhnlich.

Me gustas mucho.
[me ˈgustas ˈmutʃo]
Ich mag dich sehr.

Te quiero mucho.
[te ˈkĭero ˈmutʃo]
Ich liebe dich sehr.

Eres tan hermoso/a.

[ˈeres tan ɛrˈmoso/a]

Du bist unglaublich schön.

Eres único/a.

['eres'uniko/a]

Du bist einmalig.

Te amo.
[te ˈamo]

Ich liebe dich.

¿Quieres casarte conmigo?

[ˈki̯eres kaˈsarte kɔnˈmiɣo]

Willst du mich heiraten?

Te amo con locura.

[te ˈamo kɔn loˈkura]

Ich liebe dich wahnsinnig.

Land und Leute
El país y su gente [εl paˈis i su ˈxente]

Wenn du etwas über die Gestalt und Form des Landes Spanien erfahren möchtest, ist der einfachste Weg dir die Landkarte anzusehen.

Willst du etwas Näheres von den Leuten erfahren, willst du wissen, wie sie denken, fühlen, wie sie ihr Leben angehen, sie miteinander umgehen, dann ist der direkteste Weg einige Sprichwörter des Landes kennenzulernen. Sie verraten, wie die Menschen des Landes "ticken".

Sprichwörter sagen viel über Menschen aus. Sie sind meist über Jahrhunderte als Resultat von Erfahrungen, von Denk- und Lebensweisen der Menschen vor Ort entstanden. Über die Sprache wurden sie von Alt zu Jung weitervermittelt und mit ihnen auch das Gefühl und die Stimmung, die sie tragen. Hier sind ein paar wertvolle spanische Sprichwörter:

A la cama no te irás, sin saber una cosa más.
[a la ˈkama no te iˈras sin saˈβɛr ˈuna ˈkosa mas]
Man lernt nie aus.

A más doctores, más dolores.
[a mas dɔkˈtɔres mas doˈlɔres]
Je mehr Ärzte, desto mehr Schmerzen.

Amor con hambre no dura.
[aˈmɔr kɔn ˈambre no ˈdura]
Hungrige Liebe hält nicht.

Mañana otro gallo cantará.
[maˈɲana ˈotro ˈgaʎo kanˈtara]
Morgen ist ein neuer Tag.

Quien no se arriesga, no gana.
[ki̯en no se aˈrri̯ezɣa no ˈgana]
Wer nicht wagt, der nicht gewinnt.

Jetzt bist du bestens gewappnet für deinen ersten Kontakt mit der spanischen Sprache. Es bleibt mir nur noch, dir viel Freude und wunderbare Erfahrungen dabei zu wünschen.

Genieße die spanische Sprache wie eine Köstlichkeit, die du dir auf der Zunge zergehen lässt. Dann wird das, was dir vielleicht am Anfang Angst gemacht hat, sich in pure Freude verwandeln.

PONS SPANISCH
im Handumdrehen

von
Tien Tammada

Originaltitel: สเปนทันใจพูดได้ด้วยปลายนิ้ว เทียร ธรรมดา
© Leelaaphasa.Co.,Ltd.
63/120 Moo 8, Tambon Saothonghin, Bangyai District,
Nonthaburi 11140 Thailand
E-Mail: leelaaphasa2008@gmail.com
Alle Rechte vorbehalten.

Warenzeichen, Marken und gewerbliche Schutzrechte
Wörter, die unseres Wissens eingetragene Warenzeichen oder Marken oder sonstige gewerbliche Schutzrechte darstellen, sind als solche- soweit bekannt - gekennzeichnet. Die jeweiligen Berechtigungen sind und bleiben Eigentümer dieser Rechte. Es ist jedoch zu beachten, dass weder das Vorhandensein noch das Fehlen derartiger Kennzeichnungen die Rechtslage hinsichtlich dieser gewerblichen Schutzrechte berührt.

1. Auflage 2019 (1,03 - 2019)
© PONS GmbH, Stöckachstrasse 11, 70190 Stuttgart, 2019

www.pons.de
E-Mail: kundenservice@pons.de

Übersetzung: Ta Tammadien
Co-Übersetzung & deutsche Überarbeitung: Hubert Möller
Korrektur: Alejandro Garrido, Kidan Patanant, Vicente García, Almudena García Hernández
Illustrationen Cover: K. Kiattisak
Illustrationen Innenteil: K. Kiattisak, Netitorn Terdbankird
Satz/Layout: Wachana Leuwattananon, Vipoo Lerttasanawanish
Logoentwurf: Erwin Poell, Heidelberg
Logoüberarbeitung: Sabine Redlin, Ludwigsburg
Druck und Bindung: Publikum d.o.o.

ISBN 978-3-12-516218-1